Bibliografische Information der Deutschen Nationalbibliothek:

Die Deutsche Bibliothek verzeichnet diese Publikation in der Deutschen National-bibliografie; detaillierte bibliografische Daten sind im Internet über http://dnb.d-nb.de/ abrufbar.

Dieses Werk sowie alle darin enthaltenen einzelnen Beiträge und Abbildungen sind urheberrechtlich geschützt. Jede Verwertung, die nicht ausdrücklich vom Urheberrechtsschutz zugelassen ist, bedarf der vorherigen Zustimmung des Verlages. Das gilt insbesondere für Vervielfältigungen, Bearbeitungen, Übersetzungen, Mikroverfilmungen, Auswertungen durch Datenbanken und für die Einspeicherung und Verarbeitung in elektronische Systeme. Alle Rechte, auch die des auszugsweisen Nachdrucks, der fotomechanischen Wiedergabe (einschließlich Mikrokopie) sowie der Auswertung durch Datenbanken oder ähnliche Einrichtungen, vorbehalten.

Impressum:

Copyright © 2019 GRIN Verlag
Druck und Bindung: Books on Demand GmbH, Norderstedt Germany
ISBN: 9783346183934

Fuad Ayan

Analyse des Produktionsstandortes Deutschland

GRIN Verlag

GRIN - Your knowledge has value

Der GRIN Verlag publiziert seit 1998 wissenschaftliche Arbeiten von Studenten, Hochschullehrern und anderen Akademikern als eBook und gedrucktes Buch. Die Verlagswebsite www.grin.com ist die ideale Plattform zur Veröffentlichung von Hausarbeiten, Abschlussarbeiten, wissenschaftlichen Aufsätzen, Dissertationen und Fachbüchern.

Besuchen Sie uns im Internet:

http://www.grin.com/

http://www.facebook.com/grincom

http://www.twitter.com/grin_com

**Ausarbeitung für Grundlagen
wissenschaftlichen Arbeitens**

Thema:

Analyse des Produktionsstandortes Deutschland

Inhaltsverzeichnis

Abbildungsverzeichnis

1. Einleitung

An was denken Sie, wenn der Begriff „Deutschland" fällt? Macht Deutschland Begriffe wie Ingenieure, Qualität und Sicherheit, stabile Wirtschaft und Wachstum nicht aus? Diese ersten Gedanken über Deutschland sind keine Zufälle. Aus diesem Grund wird in dieser Ausarbeitung das Produktionsstandort Deutschland analysiert und bewertet. Weshalb haben wir über das Land solche Assoziationen? Welchen industriellen Wandel hat das Produktionsland vollzogen und wie hat das Land sich durch die Jahrzehnte entwickelt? Es werden Bezüge auf die wichtigsten Basisinnovationen, wie Eisen- und Stahlindustrie, Automobilindustrie genommen, die Deutschland ausmachen. Die Wichtigkeit des Produktionsstandortes ist für heutige Verhältnisse sehr wichtig geworden. Im Laufe der Zeit stieg die Produktanzahl und -vielfalt rapide an. Im Internationalem Raum gibt es eine große Konkurrenz, wie im Bereich Preise, Qualität und die Attraktivität des Standortes für Unternehmen. Unter anderem wird deswegen auf die Zugehörigkeit des Schichtes von Deutschland eingegangen. In welcher Position steht das Land? Welchen Stellenwert Deutschland dabei einnimmt, wird in Folgenden analysiert.

Infolgedessen ergibt sich die Frage: Wie steht Deutschland im Vergleich zu anderen Ländern und ist das Bundesrepublik Deutschland wettbewerbsfähig? In Anlehnung dazu wird zunächst erläutert, was unter dem Begriff „wettbewerbsfähig" verstanden wird. Digitalisierung ist für unsere Gegenwart ein Schlüsselbegriff. Basierend darauf stellt sich die Frage: Wie steht Deutschland in Bezug auf die Digitalisierung im internationalen Vergleich und ist das Produktionsstandort Deutschland in dem Standpunkt wo sie noch im Bereich der Digitalisierung konkurrieren können und sind sie für die Zukunft ausgerüstet?

2. Produktionsstandort Deutschland

Schon seit Jahrhunderten unterliegt Deutschland einer ständigen Entwicklung vor. Die Standortwahl für Unternehmen wird aufgrund der Industrialisierung immer wichtiger: *„Die Industrie erlebt einen Boom. Kleine Handwerksbetriebe weichen der Industrie, da sie weitaus mehr produzieren können und dementsprechend größeren Kundenkreis besitzen. Über die Jahrzehnte steigerte sich dieser Wandel. Mittlerweile hat sich Deutschland zum Dienstleistungssektor umgewandelt und trennt sich deshalb von der Industrialisierung."*[1]

2.1 Drei-Sektoren-Hypothese

Die Drei-Sektoren-Hypothese beschreibt den strukturellen Wandel, die der Produktionsstandort Deutschland unter anderem vollzogen hat.

Die Hypothese stammt von Colin Clark (1940) und Jean Fourastie (1954). Diese unterstellt den quasi-gesetzesmäßigen Verlauf der Anteilsverschiebungen dreier Sektoren im Zuge des wirtschaftlichen Wachstumsprozesses.[2]

Es gibt zwei Gründe für den sektoralen Strukturwandel: Der technische Fortschritt gilt als strukturbestimmend aus angebotsorientierter Perspektive.

Der Agrarsektor dominiert im primären Stadium. Der sekundäre Sektor ist für die handwerkliche und industrielle Sachgüterproduktion zuständig. Diese führen zu großen technologisch-fortschrittlich bedingten Produktivitätssteigerungen und damit zu Freisetzung von Arbeitskräften. Die notwendigen Arbeitsplätze werden durch den tertiären Sektor aufgenommen.

Der Strukturwandel wird verursacht durch die Einkommenselastizität der Nachfrage.[3] *„Regionen mit hohem Tertiärisierungsgrad haben bereits den Strukturwandel abgeschlossen. Dies gilt allerdings nur für entwickelte Gesellschaften."*[4]

---

[1] Kortus- Schultes und Martin Gulz (1998 und 2012), Produktionsstandort Deutschland S. 13.

[2] Vgl. Krol/ Schmid (2002), Eine problemorientierte Einführung S. 384 und Pierenkemper (2005), Wirtschaftsgeschichte S. 125ff.

[3] Vgl. Hans-Dieter Haas & Simon Neumair (2015), Wirtschaftsgeographie S. 79.

[4] Hans-Dieter Haas & Simon Neumair (2015), Wirtschaftsgeographie S. 79f.

Der strukturelle Wandel wird dann für Industrieländer vollzogen, wenn es unterschiedliche Branchen in einem Gebiet gibt. Somit wird der Prozess des strukturellen Wandels schneller und erfolgreicher vollzogen.[5]

Regionen und Industrien altern dann, wenn es Monostrukturen gibt. Das heißt, wenn es nur eine Branche indem Region gibt, wie beispielsweise die Stahl-, Auto- oder Pharmaindustrie. Dementsprechend altern wahrscheinlicher diese Regionen durch die Einseitigkeit der Branchen.[6]

---

[5] Vgl. Hans-Dieter Haas & Simon Neumair (2015), Wirtschaftsgeographie S. 80.

[6] Vgl. Tichy (1987), Das Altern von Industrieregionen S. 5.

STRUKTURWANDEL

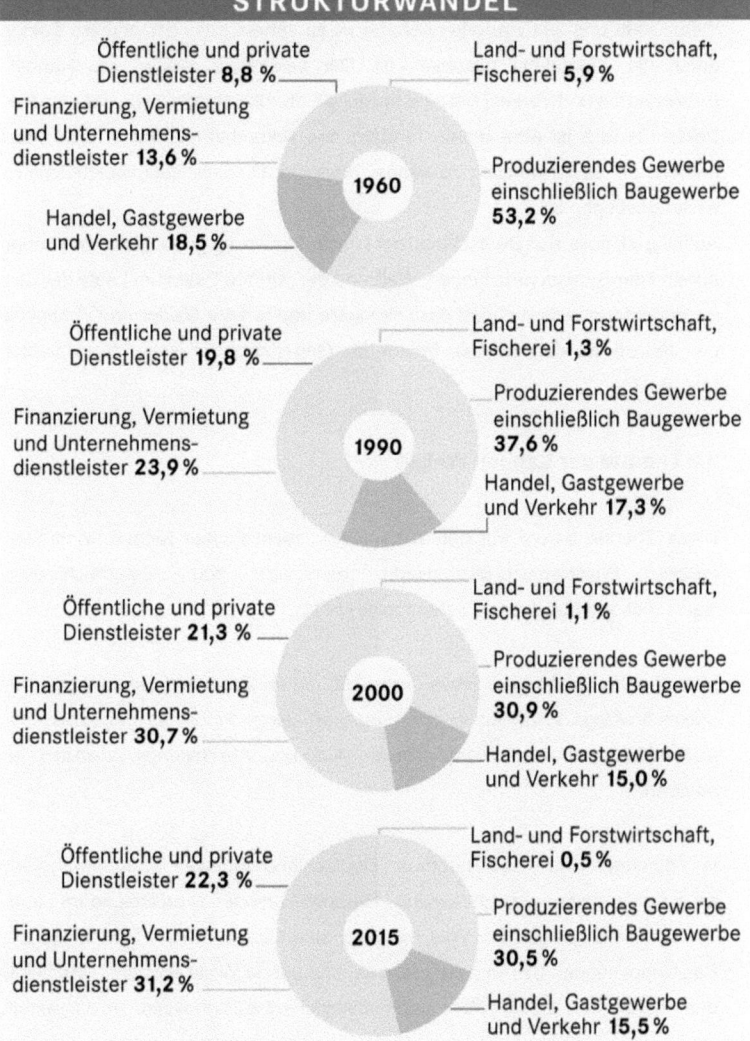

Öffentliche und private Dienstleister 8,8 %

Finanzierung, Vermietung und Unternehmens-dienstleister 13,6 %

Handel, Gastgewerbe und Verkehr 18,5 %

Land- und Forstwirtschaft, Fischerei 5,9 %

1960

Produzierendes Gewerbe einschließlich Baugewerbe **53,2 %**

Öffentliche und private Dienstleister 19,8 %

Finanzierung, Vermietung und Unternehmens-dienstleister 23,9 %

Land- und Forstwirtschaft, Fischerei 1,3 %

Produzierendes Gewerbe einschließlich Baugewerbe **37,6 %**

1990

Handel, Gastgewerbe und Verkehr 17,3 %

Öffentliche und private Dienstleister 21,3 %

Finanzierung, Vermietung und Unternehmens-dienstleister 30,7 %

Land- und Forstwirtschaft, Fischerei 1,1 %

Produzierendes Gewerbe einschließlich Baugewerbe **30,9 %**

2000

Handel, Gastgewerbe und Verkehr 15,0 %

Öffentliche und private Dienstleister 22,3 %

Finanzierung, Vermietung und Unternehmens-dienstleister 31,2 %

Land- und Forstwirtschaft, Fischerei 0,5 %

Produzierendes Gewerbe einschließlich Baugewerbe **30,5 %**

2015

Handel, Gastgewerbe und Verkehr 15,5 %

Abbildung 1: Der Strukturwandel in Deutschland gemessen an der Verteilung der Bruttowertschöpfung auf die Wirtschaftssektoren.
Quelle:http://www.bpb.de/nachschlagen/lexika/lexikon-derwirtschaft/20784/strukturwandel Stand 15.01.2017, Abruf 29.01. 2019 12:30.

In Abbildung 1 ist der Strukturwandel von Deutschland in den Jahren 1960, 1990, 2000 und 2015 zu erkennen. Es ist zu sehen, dass der primäre Sektor durch die Jahrzehnte gesunken ist. Der sekundäre Sektor, wie Handel, Gastgewerbe und Verkehr hat eine ähnliche Entwicklung erlebt wie der primärer Sektor. Jedoch ist eine leichte Tendenz des sekundären Sektors nach oben bemerkbar. Es ist deutlich zu sehen, dass der Dienstleistungssektor immer weiter gestiegen ist.

Auffällig ist, dass sich Deutschland der Umstrukturierung gebeugt hat erkennbar anhand der Strukturverteilungen. Während der primäre Sektor im Laufe der Zeit an Bedeutung verliert nimmt der sekundäre und tertiäre Sektor an Wichtigkeit zu. Jedoch ist der tertiärer Sektor im Gegensatz zur sekundärer Sektor überlegen.

2.2 Theorie der Langen Wellen

Diese Theorie beruht auf den Wirtschaftswissenschaftler Nicolai Kondratieff (1926). Weiterentwickelt wurde es von dem österreichischen Nationalökonomen Joseph Schumpeter (1911).

„Die Theorie der Langen Wellen versucht, die im Zeitablauf unterschiedliche, ungleichmäßige Entwicklung der Wirtschaft durch Innovationsprozesse, die wellenförmige Phasen wirtschaftlichen Auf- und Abschwungs auslösen, zu erklären."[7]

Im Folgenden wird diese Theorie an Deutschland angewendet und analysiert, da wir untersuchen möchten welche Basisinnovationen Deutschland im Laufe der Zeit durchgangen ist. Was bedeutet eine Lange Welle? Technologische Basisinnovationen führen dazu, dass es eine Lange Welle entsteht. Das heißt, dass durch jede Lange Welle unterschiedliche Basisinnovationen dargestellt wird.[8]

---

[7] Hans-Dieter Haas & Simon Neumair (2015), Wirtschaftsgeographie S. 80.
[8] Vgl. Hans-Dieter Haas & Simon Neumair (2015), Wirtschaftsgeographie S. 80.

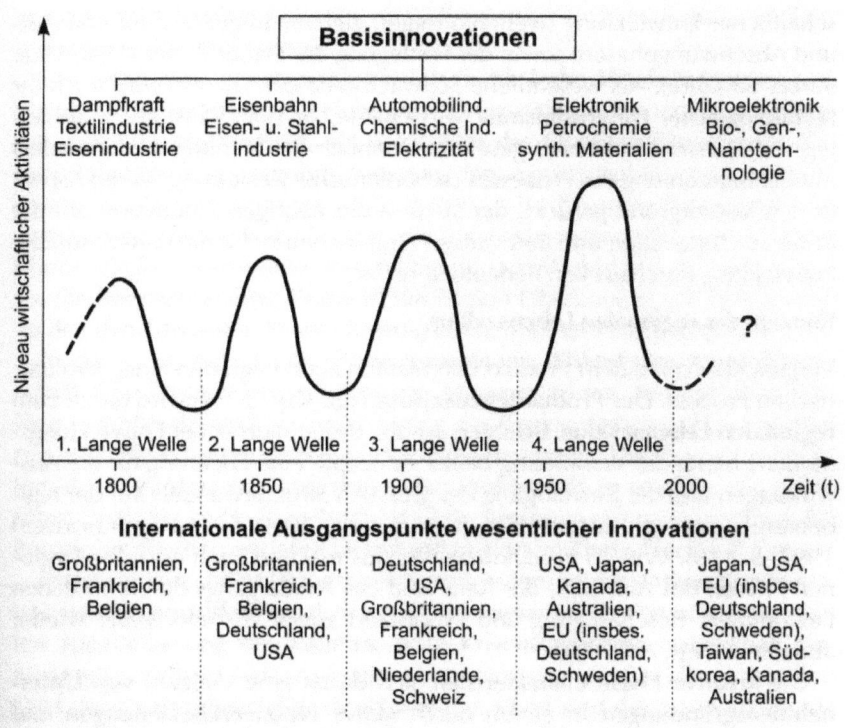

Abbildung 2: Die Phasen seit der Industriellen Revolution gegen Ende des 18. Jh.
Quelle: Dicken (2003), Global Shift, S. 88.

„Basisinnovationen der ersten Langen Welle waren Entwicklungen in der Textilindustrie (mechanischer Webstuhl, Dampfmaschine)."[9]

Hier wird deutlich, dass Deutschland im 18. Jh. diese Basisinnovationen nicht besaß. Großbritannien, Frankreich und Belgien waren zu der Zeit in diesem Bereich voraus. Deutschland ist erst ab der zweiten langen Welle dabei, in der Neuerungen, wie in der Eisen- und Stahlindustrie sowie der Verkehrstechnik (Dampflokomotive) vorkommen.[10]

Auffallend ist hier, dass Deutschland seitdem Mitte des 18. Jh. die Stahlindustrie weiterentwickelt hat und dies einer der wichtigsten Branchen wurde. Auch in der dritten Langen Welle, wo die Automobilindustrie dazu kam, ist Deutschland

---

[9] Hans-Dieter Haas & Simon Neumair (2015), Wirtschaftsgeographie S. 81.
[10] Vgl. Hans-Dieter Haas & Simon Neumair (2015), Wirtschaftsgeographie S. 81.

seitdem Spitzenreiter weltweit. Außerdem kommen noch Basisinnovationen wie Chemische Industrie und Elektrizität in die dritte Lange Welle dazu. In der vierten Langen Welle Elektronik, Petrochemie und synthetische Materialien.[11]

„Auf internationale Ebene zeigen sich folgende Tendenzen. Die Basisinnovationen der Industriellen Revolution der ersten Welle waren zunächst ausschließlich in England lokalisiert. Der Produktionsschwerpunkt der zweiten Welle lag neben England insbesondere in Deutschland, während die dominierenden Wirtschaftsräume der dritten Welle vor allem in Europa und den USA lagen. Die vierte Welle schließlich wurde neben Europa auch von den Produktionsräumen USA und Japan getragen."[12]

2.3 Ein Hochlohnland- Deutschland

Als erstes muss der Begriff „Hochlohnland" näher betrachtet werden. *„Hochlohnland ist ein relativer Begriff. Er bildet das Gegenstück zu Niedriglohnland."[13]* Es wird zwischen Ländern mit hohen, mittleren und niedrigen Einkommen differenziert.[14] Erst einmal gilt die Aufgabe zu überprüfen, in welcher Hierarchie sich Deutschland befindet. Der Grad eines Wirtschaftsstandortes misst sich an den Kosten für den Produktionsfaktor Arbeit. Es gehören dazu nicht nur die Lohnkosten, sondern auch die Lohnnebenkosten wie die sozialen Beiträge.[15] Die Hochlohnländer sind die, die reichlich mit Kapital versehen sind und ihren Wohlstand mit hohen Einkommen erzielen. Es stellt kein Problem dar, wenn man hohe Arbeitskosten in einem Hochlohnland hat:[16] *„Solange sie durch eine hohe Produktivität des Faktors Arbeit gerechtfertigt sind, stellen sie auch keine Belastung für den Wirtschaftsstandort im Wettbewerb mit anderen dar."[17]* Man muss also vergleiche der Arbeitskosten zwischen den Ländern ziehen. Dies gelingt durch Produktivitätsvergleiche, damit man die Stärken und Schwächen eines Landes richtig einordnen kann.[18]

---

[11] Vgl. Hans-Dieter Haas & Simon Neumair (2015), Wirtschaftsgeographie S. 81.
[12] Hans-Dieter Haas & Simon Neumair (2015), Wirtschaftsgeographie S. 81.
[13] Stefan Empter (2006), Wirtschaftsstandort Deutschland S. 263.
[14] Vgl. Stefan Empter (2006), Wirtschaftsstandort Deutschland S. 263.
[15] Vgl. Stefan Empter (2006), Wirtschaftsstandort Deutschland S. 263.
[16] Vgl. Stefan Empter (2006), Wirtschaftsstandort Deutschland S. 264.
[17] Stefan Empter (2006), Wirtschaftsstandort Deutschland S. 264.
[18] Vgl. Stefan Empter (2006), Wirtschaftsstandort Deutschland S. 264.

3. Deutschland im internationalen Wettbewerb

Deutschland ist seit Jahren im Bereich Export einer der Spitzenreiter.[19] Das Produktionsstandort Deutschland steht wirtschaftlich gut dar. Allerdings trübt die gute Lage. Deutschland verliert immer mehr an Boden im internationalen Vergleich.[20] *„Im Ranking der 63 leistungsstärksten Staaten, das vom schweizerischen IMD World Competitiveness Center in Lausanne veröffentlicht wird, landet die Bundesrepublik in diesem Jahr nur noch auf dem 13. Platz".[21]* Deutschland fällt vergleichsweise durch die Jahre immer mehr ab.

Deutschland rutscht im Wettbewerbsranking ab

Gesamtplatz (Vorjahresplatzierung in Klammern)		volkswirtschaftliche Leistungsfähigkeit	Effizienz der Regierung	Effizienz der Unternehmen	Infrastruktur
1 (1)	Hongkong	11	1	1	20
2 (2)	Schweiz	15	2	5	1
3 (4)	Singapur	6	3	10	7
4 (3)	USA	1	27	14	2
5 (8)	Niederlande	9	12	4	8
10 (15)	V. Arab. Emirate	5	4	2	37
13 (12)	**Deutschland**	7	21	16	9
18 (18)	China	2	45	18	25

WELT   Quelle: IMD

Abbildung 3: Internationale Wettbewerbsranking
Quelle: https://www.welt.de/wirtschaft/article165132931/Der-schleichende-Abstieg-des-Standorts-Deutschland.html Stand 31.05. 2017, Abruf 29.01.2019 12:30.

In Abbildung 3 wird die Platzierung der Länder, wie Hongkong, Schweiz, Singapur und weitere Länder dargestellt, unter anderem auch die Bundesrepublik Deutschland. Verglichen wird die volkswirtschaftliche Leistungsfähigkeit, Effizienz der Regierung und der Unternehmen sowie die Infrastruktur.

---

[19] Vgl. Internet, Spiegel.de.
[20] Vgl. Internet, Welt.de.
[21] Internet, Welt.de.

Deutschland erwartet einige Verschlechterungen die IMD- Forscher festgestellt haben. Ein erwähnenswerter Grund dafür ist die Umstände des Staats. Unter anderem ist die Steuerpolitik dafür verantwortlich, dass Deutschland schlecht im internationalen Wettbewerb steht.

Des Weiteren wird erwähnt, dass die hohen Belastungen der Arbeitgeber mit Lohnnebenkosten dafür verantwortlich sind. Außerdem sieht man eine Abwärtsentwicklung im Bereich der staatlichen Regulierung für die Wirtschaft.[22]

Laut einer Studie der schweizerischen IMD World Competitiveness Center in Lausanne zeigt Deutschland auch positive Zeichen für den internationalen Wettbewerb: *„Die ökonomische Performance hat sich leicht verbessert: Hier stehen die Deutschen jetzt auf dem siebten Platz. Vor allem die Exportstärke wird positiv bewertet, ebenso wie die starke internationale Investitionstätigkeit der Unternehmen. Nirgendwo auf der Welt gibt es zudem einen besser aufgestellten Mittelstand."*[23]. Außerdem wird noch erwähnt, dass es positive Anmerkungen innerhalb der Umwelt und Gesundheitsversorgungen gibt.

---

[22] Vgl. Internet, Welt.de.
[23] Internet, Welt.de.

4. Deutschland im internationalen Vergleich der Digitalisierung

Digitalisierung bedeutet auch wirtschaftliche Entwicklung. Darunter versteht man die digitale Infrastruktur. „Denn Einsatz der neuen Technologien im Unternehmen und die Bereitschaft der Bevölkerung, sich darauf einzulassen."[24]

Deutschland ist schlecht für die Digitalisierung gerüstet

Ranking der digitalen Wettbewerbsstärke (Vorjahresplatzierung in Klammern)

1	(1)	Singapur		100,000
2	(3)	Schweden		95,938
3	(2)	USA		95,410
4	(6)	Finnland		95,026
5	(8)	Dänemark		94,524
6	(4)	Niederlande		93,225
7	(11)	Hongkong		92,135
8	(7)	Schweiz		91,998
17	(15)	**Deutschland**		84,108
25	(22)	Frankreich		78,810

WELT   Quelle: IMD

Abbildung 4: Die Rangordnung der digitalen Wettbewerbsstärke
Quelle: https://www.welt.de/wirtschaft/article165132931/Der-schleichende-Abstieg-des-
Standorts-Deutschland.html Stand 31.05. 2017, Abruf 29.01. 2019 12:30.

Darunter sind Länder wie Singapur, Schweden und USA auf der Spitze des Rankings. Deutschland ist auf Platz 17. Einige Gründe für die Platzierung von Deutschland sind unter anderem der Anteil der technisch ausgebildeten Akademiker, die vergleichsweise gering ausfallen. Die Begeisterung für die Technologien fallen vergleichsweise an anderen Ländern gering.[25]
Die Problematik des Bundesrepublik Deutschland ist es, dass der Fortschritt an der Digitalisierung schleppend läuft. Festgestellt wurde laut dem Zeitungsbericht „Die Welt", dass es große Defizite mit der Versorgung des schnellen Internets gibt. Vergleichsweise investieren andere Länder bedeutend mehr an die Telekommunikationstechnologie als das Produktionsstandort Deutschland.[26] *„Wenn Deutschland sein Tempo nicht steigert, droht es weiter zurückzufallen. "*[27]

---

[24] Vgl. Internet, Welt.de.
[25] Vgl. Internet, Welt.de.
[26] Vgl. Internet, Welt.de.
[27] Internet, Welt.de.

5. Fazit

Die dargestellten Ergebnisse führen dazu, dass Deutschland eine große Umstrukturierung durch die Jahrzehnte vollzogen hat. Die Wichtigkeit des primären Sektors nimmt im Laufe der Zeit ab, während auf der anderen Seite der sekundäre Sektor an Bedeutung zunimmt. Deutschland hat sich im Ganzen jedoch dem tertiären Sektor geneigt.

Anhand der Theorie der Langen Wellen kann man feststellen, dass Deutschland ab der zweiten Langen Welle die Stahlindustrie, einer der wichtigsten Branchen in der deutschen Wirtschaft, für sich gewonnen hat. Daraufhin folgen mit der dritten und vierten Langen Welle, die Kernbranchen mit der Automobilindustrie und der Chemischen Industrie.

Deutschland ist ein Hochlohnland mit dem Faktor „Arbeit" und besitzt somit eine sehr hohe Produktivität. Aufbauend darauf ist zu erwähnen, dass Deutschland mit reichlich Kapital versehen ist und Ihren Wohlstand mit hohen Einkommen generiert.

Es lässt sich zusammenfassen, dass Deutschland eine stabile Wirtschaft aufweisen kann, jedoch im internationalen Vergleich in den letzten vier Jahren immer mehr an Boden verloren hat. Die wichtigsten Gründe dafür sind unter anderem die Steuerpolitik vom Staat, hohe Lohnnebenkosten und im Bereich der staatlichen Regulierung für die Wirtschaft.

Zu guter Letzt kam die Analyse der Digitalisierung von Deutschland im internationalem Vergleich. Das Produktionsstandort Deutschland kam auf einen Vergleich der digitalen Wettbewerbsstärke auf den 17. Platz. Die bedeutsamsten Gründe für diese Platzierung lag unter anderem an dem Anteil der technisch ausgebildeten Akademiker die gering ausfallen. Infolgedessen ist die Begeisterung für die Technologien gering und die Versorgung mit schnellem Internet und die Telekommunikationstechnologie verbesserungsfähig. Deswegen ist Deutschland der Zukunft nicht genug ausgerüstet, was ein Nachteil für die Wirtschaft sein kann und eine große Gefährdung für die Wettbewerbsfähigkeit international sein könnte.

Literaturverzeichnis

BUNDESZENTRALE FÜR POLITISCHE BILDUNG (2017)

Bundeszentrale für politische Bildung, bpb.de, Online im Internet, URL:

  http://www.bpb.de/nachschlagen/lexika/lexikon-der
  wirtschaft/20784/strukturwandel Stand 15.01. 2017, Abruf 29.01. 2019
  12:30.

DAB/REUTERS. SPIEGEL ONLINE (2018)

dab/Reuters. Spiegel Online, Online im Internet, URL:

  http://www.spiegel.de/wirtschaft/unternehmen/exportueberschuss-

  deutschland-stellt-erneut-weltrekord-auf-a-1188159.html Stand

  16.01.2018, Abruf 29.01.2019 12:30.

DICKEN P. (2003)

Dicken P.: Global Shift, 2003, London, SAGE Publications Ltd..

EMPTER S., & VEHRKAMP, R. B. (2006)

Empter S., & Vehrkamp, R. B.: Wirtschaftsstandort Deutschland, 2006

  Wiesbaden, VS Verlag.

HANS-DIETER HAAS & SIMON NEUMAIR (2015)

Hans-Dieter Haas & Simon Neumair: Wirtschaftsgeographie, 2015,

  Darmstadt, WBG..

KROL, G.-J, & SCHMID, A. (2002)

Krol, G.-J., & Schmid, A.: Volkswirtschaftslehre- Eine problemorientierte

  Einführung, 2002, Tübingen: UTB Verlag.

KORTUS-SCHULTES (1998) UND MARTIN GULZ (2012)

Primärquelle: Kortus-Schultes & Sekundärquelle: Martin Gulz,

  Produktionsstandort Deutschland (Seminararbeit), 1998 und 2012, Ort

  unbekannt, Verlag unbekannt, Online im Internet, URL:

  https://www.grin.com/document/202492 Stand unbekannt , Abruf

  29.01.2019 12:30.

PIERENKEMPER, T. (2005)

Pierenkemper, T. : Wirtschaftsgeschichte, 2005, München, Akademie Verlag.

SIEMS, D. DIE WELT (2017)

Siems, D. Die Welt, Online im Internet, URL:

    https://www.welt.de/wirtschaft/article165132931/Der-schleichende-
    Abstieg-des-Standorts-Deutschland.html Stand 31.05. 2017, Abruf
    29.01. 2019 12:30.

SIEMS, D. DIE WELT (2017)

Siems, D. Die Welt, Online im Internet, URL:

    https://www.welt.de/wirtschaft/article165132931/Der-schleichende-
    Abstieg-des-Standorts-Deutschland.html Stand 31.05. 2017, Abruf
    29.01. 2019 12:30.

TICHY, G. (1987)

Tichy, G. : Das Altern von Industrieregionen, 1987, Wifo Studien.